AF357232

RECVEIL
DES PRINCIPAVX
TILTRES,
CONCERNANT L'ESTABLISSEMENT
des Maiſtres Doreurs ſur cuir, Garniſſeurs & Enjoliueurs
eſtablis par Henry. II. Confirmez par Statuts & Ordonnances : Regiſtré en Parlement le 13. iour d'Aouſt l'an 1576.
Confirmez par Henry III. Henry IIII. & Louys XIII.
Auec leurs confirmations & Arreſts de la Cour.

Sentence renduë au Conſeil par le Preuoſt de Paris le 29. iour d'Aouſt 1576.
   confirmée par Arreſt le 7. Septembre audit an 1576.
Autre Sentence du 22. Septembre l'an 1576.
Autre Sentence du 27. iour de Feurier 1577.
Arreſt confirmatif de ladite Sentence du 9. iour de Nouembre l'an 1578.
Autre Sentence du 15. Octob. 1594. confirmée par Arreſt le 17. Feur. en 697.
Arreſt de confirmation ſur l'oppoſition des Statuts & Priuileges des Maiſtres
   Lunetiers, Bimblotiers & Miroitiers, & les Maiſtres Doreurs ſur cuir,
   Garniſſeurs & Enjoliucurs du 5. Ianuier 1613.
Sentence donnée au Conſeil par le Baillif du Palais, en execution dudit Ar-
   reſt de l'année 1613. ladite Sentence en datte du 2. Auril 1613.
Autre Arreſt du 18. May 1613.
Autre Arreſt du 2. Septembre 1628.

Pour iceux Ordonnances, Confirmations, Sentences & Arreſts pour
ſe ſeruir à l'encontre des Maiſtres Iurez Lunetiers, Bimblotiers &
Miroitiers, comme il ſe verra és pages ſuiuantes.

A PARIS,
Chez IACQVES DVGAST, ruë ſainct Iean de Beauuais, à l'Oliuier
de ROBERT ESTIENNE : Et en ſa boutique au Palais,
Place du Change.

M. DC. XXXIIII.

PREMIEREMENT,

LETTRES DE CREATION
DE LADITE MAISTRISE,

Octroyee par Henry II. registrees
en Parlement, dont la teneur s'enfuit.

ENRY PAR LA GRACE DE
DIEV ROY DE FRANCE.
A tous prefens & aduenir, Salut. Nos
chers & bien-amez les Maiftres Doreurs
fur cuir, de noftre ville & faux-bourgs de
Paris : Nous ont prefenté requefte en noftre priué Confeil. Tendant afin pour les
bonnes caufes & raifons contenues en icelle, Que noftre
plaifir fuft pour le bié, profit & vtilité de nous, & de la chofe
publique : & auffi pour obuier aux fautes, abus & maluerfa-
tions, qui fe font & commettent audit meftier : Statuer & or-
donner qu'il fuft d'orefnauant à toufiours crée meftier iuré,
vifité & policé comme les autres meftiers iurez de noftredite
ville. Sur laquelle requefte auroit efté bien & deuëment en-
quis & informé, fur la commodité ou incommodité, ainfi
qu'il eftoit mandé faire par nos lettres de commiffion, &
apres ce faiƈt nos Iuge & Officiers de noftre Chaftellet auroit fait & dreffé les articles d'ordonnances, touchans &
concernans le fait, reiglement & police dudit meftier : Et en
ce faifant, donné fur iceux leur aduis, lefquelles requefte,
commiffion, information, articles & aduis font cy-attachez
fous le contrefel de noftre Chancellerie. Sçavoir fai-

A ij

SONS, que nous inclinans liberallement à la fupplication & requefte defdits fupplians. Apres auoir le tout veu en noftre priué Confeil: Auons par l'aduis & deliberation d'iceux, fuiuant l'aduis de nos Iuge & Officiers audit Chaftelet, & articles fur le faict de l'ordonnance, reglement & police dudit meftier de doreur fur cuir, le tout cy-attaché comme dit eft, de noftre grace fpeciale, plaine puiffance & authorité Royalle: Dict, voulu, ftatué & ordonné, difons, ftatuons, ordonnons, voulons & nous plaift, par ces prefentes, que ledit meftier de doreur, en noftre ville & faux-bourgs de Paris, foit & demeure à toufiours creé meftier iuré, vifité & policé, & lequel nous creons & iurons par cefdites prefentes, comme les autres meftiers iurez de noftredite ville, pour en iouïr par lefdits fupplians & leurs fucceffeurs au temps aduenir, aux droicts, priuileges, franchifes & libertez, qu'ont accouftumé faire iouïr & vfer les autres meftiers iurez de ladite ville: tout ainfi & en la forme & maniere qu'il eft contenu & declaré par ledit aduis, reglement & ordonnances faicts par nofdits officiers fur iceluy meftier. SI DONNONS EN MANDEMENT par fes prefentes, à noftre Preuoft de Paris, où fon Lieutenant Ciuil, & à tous nos autres Iufticiers, Officiers oū leurs Lieutenans, & chacun d'eux endroit, foy & comme à luy appartiendra: que nos prefentes grace, ftatut, ordonnance, creation, vouloir & intention, enfemble tout l'effect & contenu cy-deffus, & audit aduis, reglement & ordonnances vous faictes lire, publier, enregiftrer & mettre au nombre des autres ordonnances des meftiers iurez de noftredite ville, & d'iceux faictes fouffrir, & laiffez lefdits fupplians & leurs fucceffeurs à l'aduenir, iouïr & vfer pleinement, paifiblement & perpetuellement, fans leur faire mettre ou donner, ne fouffrir eftre faict, mis ou donner, ores, ne pour le temps aduenir aucun trouble, deftourbier ou empefchement au contraire, lequel fe faict mis ou donné, leur auoir efté ou eftoit, mettez le ou faictes mettre incontinent & fans delay à plaine & entiere deliurance. En contraignant à ce faire, fouffrir & obeïr tous ceux qu'il appartiendra, & qui pource feront à contraindre par toutes voyes & manieres

deuës & raifonnables : Nonobftant oppofitions ou appellations quelconques; Pour lefquelles & fans preiudice d'icelles,ne voulons aucunement eftre differé : C A R tel eft noftre
plaifir, Et afin que ce foit chofe ferme & ftable à toufiours:
Nous auons faict mettre noftre fel à cefdites prefentes, fauf
en autres chofes noftre droict, & l'autruy en toutes. Donné
à Paris, Au mois de Ianuier l'an de grace mil cinq cens cinquante huict. Et de noftre regne le douziefme. Par le Roy
en fon Confeil.   F I Z E S.

Leuës & publiees en iugement en l'auditoire ciuile du Chaftelet
de Paris, en la prefence & d'autres fentences des gens du Roy
noftre Sire audit Chaftelet, à ordonné eftre enregiftrees és regiftres
ordinaires d'iceluy Chaftelet, pour en iouyr par les impetrans fur la
requefte, le contenu d'icelle le Mercredy quinziefme iour de Mars
mil cinq cens cinquante.
                         G O Y E T.

Regiftree ouy le Procureur general du Roy, comme il eft contenu
au Regiftre de ce iour, à Paris en Parlement le treiziefme iour
d'Aouft l'an mil cinq cens foixante quinze.
                    D V   T I L L E T.

S'ENSVIT DEVX ARTICLES

couchez aux Ordonnances, confirmées par les Roys
fufdits, pour feruir à l'encontre des Maiftre Lunetiers,
Bimblotiers & Miroitiers, dont la teneur s'enfuit.

A R T I C L E   X V. *des Statuts.*

Pource que l'eftat des demandeurs gift en partie à faire
les garnitures des Miroïtiers, tant d'acier que criftalin,
pourront lefdits Maiftres faire lefdits miroirs d'acier &
criftalin, pour les appliquer aufdites garnitures pour la con-

A iij

enchaſſure &
bordure de mi-
roirs pour pa-
rer 'les maiſons
des Princes &
Seigneurs.

nexité, que leſdits ouurages ont enſemblement, & qu'il n'y a meſtier particulier pour leſdits Miroirs, tant d'acier que criſtalin, la manufacture toutesfois deſdits miroirs demeurera libre à ceux qui en peuuent faire.

ARTICLE XXI.

Feront auſſi leſdits Maiſtres les glaſſes de leurs miroirs, tant d'acier que criſtalin, bien & deuëment, & qui repreſentent au vray le naturel de ce qui eſt repreſenté ſans le difformer ſur pareille peine.

S'ENSVIT LES SENTENCES

& Arreſts obtenus contre leſdits Lunetiers, Bimbelotiers & Miroitiers.

PREMIEREMENT.

Sentence rendue par le Preuoſt de Paris, le vingt-neufieſme Decembre mil cinq cens ſoixante quatorze, confirmée par Arreſt le ſeptieſme Septembre mil cinq cens ſoixante ſeize, par laquelle la manufacture des glaces eſt demeurée libre, dont la teneur s'enſuit.

A Tovs ceux qui ces preſentes lettres verront Antoine Duprat Cheualier de l'Ordre du Roy, Precy, Roſay & de Formerie, Baron de Thier, Thoury & de Viteaux, Conſeiller de ſa Majeſté, ſon Chambellan ordinaire, & Garde de la Preuoſté de Paris, Salut. Sçauoir fai-

fons qu'aujourd'huy datte de ces prefentes nous auons faiƈt
extraire des regiſtres des fentences données & prononcées
au Chaſtelet de Paris, ce qui s'enfuit : Veu le procés meu &
pendant en jugement deuant nous, au Chaſtelet de Paris
entre les Iurez Bimblottiers & Miroitiers de cette ville de
Paris, demandeurs en faifie d'vne part : Et Robert Guerin,
Mathurin Manchon, Hierofme Matton, & Adrian Sauetier
de la Communaulté du meſtier de Lunetier, Miroitier à Paris, defendeurs & oppofans à ladite faifie d'autre part. Pour
raifon de la requeſte faite par lefdits demandeurs, qui eſtoit
à ce que la faifie faiƈte à la complainte defdits Miroitiers &
Bimblottiers à plain declarez au procez, fuſt par nous declaré vallable, les glaces de miroirs & marchandifes prifes
& faifie au logis defdits deffendeurs, & confifquées auec
condemnation d'amende : Et neantmoins deffences font
faites aufdits côpagnons miroitiers& autres qui ne font maiſtres, de faire fait de maiſtre, ny tenir apprétifs ou côpagnons
comme ils font, auec auffi condemnation d'amende, pour
auoir contreuenu à l'Ordonnance, nonobſtant l'adionƈtion
d'icelle Communauté defdits Lunettiers, Miroitiers, ny
autre chofe par lefdits defendeurs, dite au contraire, dont
ils fuffent deboutez, & condamnez és defpens, & des raifons, deffences & caufes d'oppofition faiƈtes & propofées
au contraire par lefdits concluans par eux, à ce que l'eſtat
& manufaƈture des glaces de criſtal & criſtalin & verre poly
faiƈtes pour appliquer miroirs, fuſt & demeuraſt libre
pour en vfer par lefdits Lunettiers & Miroittiers de criſtal
& criſtallin, & les fucceffeurs ainfi que cy-deuant eux & leurs
fucceffeurs en ont plainement & paifiblement jouy de tout
temps & ancienneté, fans qu'en l'exercice & manufaƈtures
defdites glaces de criſtal & criſtallin, lefdits Lunettiers, Miroitiers puiffent eſtre troublez ny empefchez par aucun
meſtier particulier de ceſte ville de Paris, à tout le moins qu'il
leur foit permis faire dreffer des articles, & leur donner reglement fur iceux pour l'aduenir. Enquoy faifant la faifie
faiƈte à la requeſte defdits Maiſtres Bimbelottiers fur lefdits
Lunettiers, Miroitiers fuſt declarée tortionnaire & def-

raiſonnable, & partant les ouurages & marchandiſes ſaiſies
à eux renduës & reſtituées, & outre ce, afin d'auoir & obtenir condemnation de deſpens, dommages & intereſts, auquel procez tellement euſt eſté procedé par & entre leſdites
parties, ou leurs Procureurs pour elles, que icelles de nous
ouyes, euſſiõs ordõné qu'elles mettroient & produiroiét pardeuers nous leurs pieces & exploicts,& tout ce que bon ſembleroit, pour le tout par nous veu,préallablemét cõmuniqué
au Procureur du Roy faire droiét auſdites parties,& les regler,
ainſi que de raiſon, ſur tout leur differend, & bailleront par
vne briefue remonſtrance, ſans contredits ne autre forclu-
ſion, afin de deſpens dommages & intereſts, & par meſme
pouruoir ſur les deffences requiſes par leſdits demandeurs
eſtre leuées & oſtées, & oétroyé lettres aux parties de ce
qu'elles auroient proteſté que les qualitez par elles reſpeéti-
uement prinſes ne leur puiſſent nuire ny preiudicier,comme
par aéte de ce fait, & de nous donné le Mercredy quinzieſme iour de Septembre mil cinq cens ſoixante & quatorze,
nous ſera & eſt deuëment apparu : En enſuiuant lequel leſdites parties ou leurs Procureurs euſſent mis & baillé par eſcrit à Cour leurs faits & moyens,aux fins que deſſus.Enſem-
ble tout ce dont elles ſe ſeroient voulu ayder en iceluy, ſur
lequel finalement leſdites parties nous euſſent requis de l'e-
ſtre par nous faiét: SÇAVOIR faiſons que veu de nous iceluy procez,les faits raiſons& moyens d'icelles parties bailler
par admortiſſement extraiét de l'ordonnance du meſtier deſdits Miroittiers, Bimblottiers, Lettres patentes ſur icelles
obtenuës, Arreſt de la Cour , coppie collationnée des Statuts &Ordonnances des Doreurs ſur le cuir,pieces,procedu-
res & enſeignemens deſdites parties, & tout ce que par elles
à eſté mis & produit pardeuers nous : Enſemble les concluſions ſur ce priſes & baillées par eſcrit par ledit Procureur
du Roy, auquel pour & au nom dudit ſieur le tout auroit eſté
communiqué, par leſquelles il auroit requis la manufaéture
des glaces de criſtal & criſtalin demeurer libre auſdits deffendeurs, ſans toutesfois qu'ils puiſſent mettre & appliquer
aucunes garnitures auſdites glaces, ny vendre les miroirs

parfaits,

*Leſdits Lune-
tiers, Miroitiers
produiſent les
Ordonnances
des Doreurs ſur
cuir, garniſſeurs
& enjoliueurs
pour obtenir la
liberté de faire
des glaces de
miroirs de cri-
ſtal & criſtalin,
ſans toutesfois*

parfaits, au surplus consenty le procez estre iugé entre les parties, & tout veu & consideré ce qui faisoit à voir & con-siderer en ceste partie. Nous disons oüy le Procureur du Roy que les parties sont mises, & les mettons hors de cour & de procez, Et en ce faisant lesdites marchandises saisies sur lesdits defendeurs renduës, & les Gardiens contraints en ce faisant deschargez & deschargeons, & neantmoins ordonnons que la manufacture des glaces de cristal & cri-stallin demeurera libre ausdits deffendeurs, sans toutesfois qu'ils puissent mettre ny appliquer aucunes garnitures aus-dites glaces, ny vendre les miroirs parfaits, nonobstant cho-ses proposées au contraire par lesdits demandeurs, & sans despens. Par nostre sentence, iugement & par droict, pro-noncé en jugement deuant nous audit Chastelet, en la pre-sence dudit Procureur du Roy, & des procureurs desdictes parties, le Mercredy vingt-neufiesme iour de Decembre mil cinq cens soixante & quatorze, Dont & desquelles cho-ses M. Estienne Cordier Procureur desdits defendeurs nous a requis lettres, à luy octroyées ces presentes pour luy seruir & valoir en temps & lieu ce que de raison. Ce fut fait & ex-traict audit Chastelet, le vingt-neufiesme iour d'Aoust mil cinq cens soixante & seize, ainsi signe, Droüart.

ARREST DE LA COVR DE
Parlement, confirmatif desdites deux sentences.

COMME de deux sentences donnees par nostre Preuost de Paris, ou son Lieutenant Ciuil, la premiere le vingt-neufiesme Decembre mil six cens soixante quatorze, entre les iurez Bimbelottiers & mirailliers de nostre ville de Paris, en saisie d'vne part, & Robert Guerin, Mathurin Mathon,

Hierofme Matton & Adrien Sauetier,& la Communauté du meftier de Lunetiers,Miroittiers de noftredite ville de Paris, defendeurs & oppofans à ladite faifie d'autre : Par laquelle noftredit Preuoft ou fon Lieutenant, auroit mis les parties hors de Cour & de procez, & en ce faifant, ordonné que les marchandifes faifies fur lefdits deffendeurs , leur feroient rendues; & les gardiens d'icelles defchargez, & neantmoins que la manufacture des glaces de criftal & criftallin,demeu—reront libre aufdits defendeurs,fans toutesfois qu'ilspeuffent mettreny appliquer aucunes garnitures aufdites glaces, ny vendre les miroirs parfaits & fans defpens,la deuxiefme,le vingt-fixiefme Octobre,cinq cens foixante quinze, entre lefdits iurez bimbelottiers & mirailliers auffi demandeurs en faifie d'vne part, & André le Gay Lunetier, Miroitier def-fendeur & oppofant à ladite faifies d'autre,par laquelle no-ftredite Cour, ou fon Lieutenant, auront ordonné que les deffences auparauant faictes,fuiuant ladite fentence, pareil-lement audit defendeur, & à ceux de fondit eftat de Lune-tier,de vendre miroirs parfaits,feront reïterees, & pour y auoir contreuenu, auroit efté condamné ledit defendeur en la fomme de quarante fols parifis d'amende, applicable, fui-uant l'ordonnance,& neantmoins pour cefte fois, fait main-leuee audit defendeur des miroirs fur luy faifis , à la charge qu'ils feroient vendus par ledit defendeur dedans huictaine à qui bon luy fembleroit, en peine de confifcation,fi mieux ledit defendeur n'aymoit le vendre aux marchans Bimblot-tiers & miraillier, & ledit defendeur condamné és defpens, euft efté pour le regard de la premiere defdites fentences de la part defdits iurez Bimblottiers, enfemble de la part dudit André le Gay Lunetier, en ce que ladite fentence faifoit à l'encontre d'eux,& pour le regard de la deuxiefme d'icelle, de la part dudit le Gay Lunetier,appellé en noftre Cour de Parlement,en laquelle parties ouïes en leurs caufes d'appel, & les procés par efcrit, concluds & receus pour iuger entre lefdits maiftres Bimblotiers, appellans de ladite premiere fentence,en ce qu'elle fait contre eux d'vne part,& André le Gay,Adrien Sauetier, & Iean Andry, André le Grix & Ni-

colas Rougel Lunetier intimez d'autre, & encores entre ledit André le Gay Lunetier appellant defdites deux fentences, en ce qu'elles font contre luy d'vne part, & lefdits iurez
Bimblotiers intimez d'autre, fi bien ou mal auroit efté appellé, ioints les griefs hors le procez, pretendus moyens de
nullitéi, & production nouuelle defdits appellans, ils pourroient bailler dans le temps de l'ordonnance aufdits griefs
& pretendus moyens de nullité, lefdits inthimez pourroient
refpondre, & contre lefdites productions nouuelles bailler
contredits aux defpens defdits appellans, iceux procez veus,
ioint enfemble par arreft du feiziefme Decembre mil cinq
cens foixante quinze, griefs & refponfe àiceux refpectiues,
fourny par lefdites parties, production nouuelle defdits Bimblotiers, contredits & faluations d'icelle, conclufions du Procureur general, auquel lefdits procez auroient efté commu-
niquez par ordonnances de noftredite Cour, & tout diligemment examiné. Noftredite Cour par fon iugement &
arreft, à mis & met les appellations refpectiuement interiet-
tees par lefdites parties au neant, fans amende & defpens des
caufes d'appel, à neantmons ordonné & ordonne que les
fentences de noftredit Preuoft, fortiront leur plain & entier
effect, la taxations des defpens adiugez pardeuers elle, re-
feruez. Prononcé le feptiefme iour de Septembre l'an mil
cinq cens foixante feize, & au bas eft efcrit, Extraict des regiftres de Parlement, ainfi figné de Heuen.

B   ij

AVTRE SENTENCE RENDVE

*le vingt-deuxiefme iour de Septembre audit an, mil
cinq cens foixante feize , entre les IureZ. Miroitiers
& Bimbelotiers, demandeurs en faifie, à l'encontre de
Vincent Moifi, maiftre Doreur fur cuir, par laquelle mainleuée a efté faiéte audit Moifi, des outils &
vftenfiles, & pouuoit ledit Moifi maiftre Doreur fur
cuir, librement faire, & faire faire lefdites glaces de
miroirs à la maniere accouftumee dont la teneur
s'enfuit.*

A TOVS ceux qui ces prefentes lettres verront, Anthoine du Prat, Cheualier de l'ordre du Roy , feigneur de
Nantouillet, Precy, Rozay & de Formerie, Baron de
Thiers, Thoury & de Viteaux Confeiller de fa Maiefté, fon
Chambellan ordinaire & garde de la Preuofté de Paris, Salut. Sçauoir faifons qu'auiourd'huy datte de ces prefentes
Maiftre Eftienne Cordier Procureur de Vincent Moifi pre-
fent en perfonne, maiftre Doreur fur cuir à Paris, a fait appeller en iugement pardeuant Nous en la Chambre Ciuile
au Chaftelet de Paris , maiftre Raoul Hauldebourg Procureur des Iurez Bimblottiers, & remonftre que cy-deuant
lefdits Bimblottiers auoient faifis entre les mains de Pierre
Buiffon, Claude Papin & Matthieu Laiftre faifeurs de glaces
à miroirs de criftallin, plufieurs outils feruans à faire lefdites
glaces, lefdits par fentence de prouifion de Nous donnee,
auroient efté rendus & au principal, les parties appointees
à mettre au preiudice de laquelle fentence de prouifion, des
le lendemain auroient de rechef faifi lefdits vftancilles &
outils, entre les mains defdits Buiffon, Papin & Laiftre auf-

quels ledit Moifi les auoit preftez pour faire des glaces à
miroir pour autre moyen de gaigner leur vie, à cefte caufe
requeroit main-leuee luy eftre faiſte d'iceux, & deffences
auſdits Bimblottiers de n'empeſcher iceux Buiſſon, Papin
& Laiftre, ne autres faiſeurs de glaces de miroir pendant le
procez, requerant defpens d'vne part, & ledit Haudebourg
audit nom, qui a dit que leſdits outils faiſis deuoient eftre
confiſquez, d'autant qu'il n'eft loiſible aux Doreurs fur cuir
d'employer des compagnons Bimblottiers miroitiers à faire
leſdites glaces pour eux, ioint que par fentence il leur eftoit
deffendu, mais par arreft de la Cour, il eftoit feulement loiſible à ceux del'eftat de miroitiers de befongner, & nõ auſdits
Doreurs, & à ce moyen fouftenoit ladite faiſie & meſmes la
confifcation, & auec defpens d'vne patr. Surquoy nous parties ouïes, leſture faiſte de nos lettres de fentence: Auons fait
& faiſons mainleuee audit Moiſi, deſdits outils & vftancilles,
leſquels feront rendus audit Moiſi, & pourront librement
leſdits Buiſſon, Papin, & tous autres faire des glaces à miroir de criftallin & en vſer en la maniere accouftumee &
deffences de ne les empeſcher en tefmoin de ce, nous auons
fait mettre à ces prefentes le fcel de ladite Preuoſté, de Paris
ce fut fait audit Chaftelet de Paris, par noble homme, &
fage Maiftre Matthias de la Bruyere Conſeiller du Roy noftre Sire, & Lieutenant particulier de ladite Preuoſté de Paris, le Samedy vingt-deuxieſme iour de Septembre l'an mil
foixante-feize. Ainfi figné,   BEZANÇON.

AVTRE SENTENCE RENDVE

*par le Preuoſt de Paris, le vingt-ſeptieſme Feurier
mil cinq cens ſoixante dix-ſept, confirmée par Arreſt,
par laquelle main-leuée a eſté faicte à Vincent Moiſi Maiſtre Doreur ſur cuir, garniſſeur & enioliueur
des glaces, & outils ſaiſis ſur Pierre Buiſſon &
Claude Papin & autres à luy appartenans, dont la
teneur s'enſuit.*

A Tous ceux qui ces preſentes lettres verront, Anthoí-
ne du Prat Cheualier de l'ordre du Roy, ſeigneur de
Nanthouillet, Precy, Rozay & de Formerie, Baron de
Thiers, Thoury, & de Viteaux, Conſeiller de ſa Majeſté, ſon
Chambellan ordinaire, & garde de la Preuoſté de Paris, Salut. Sçauoir faiſons, que veu certain acte iudiciaire donné
de Nous au Chaſtelet de Paris, le Lundy troizieſme iour de
Decembre mil cinq cens ſoixante-ſeize, entre Maiſtre
Eſtienne Cordier Procureur de Vincent Moiſi maiſtre Doreur ſur cuir, garniſſeur & enioliueur à Paris, defendeur en
ſaiſie, & qui auroit fait appeller en iugement deuant Nous en
la Chambre de la Police audit Chaſtelet, maiſtre Claude
Haudebourg Procureur des Iurez Bimblottiers, Miralliers
à Paris, à requis main-leuee luy eſtre faite par leſdits bimblotiers, condamnez à luy rendre & reſtituer pluſieurs outils
ſeruans à faire glaces de miroirs, auec pluſieurs ouurages
& glaces de miroirs à luy appartenant par leſdits Iurez, ſaiſis ſur Pierre Buiſſon, Claude Papin & Matthieu Lettue, faiſeurs de glaces à miroir, auec condamnation de tous deſpens, dommages & intereſts, deffences à eux à l'aduenir de
ne plus faire telle ſaiſie ſur peine d'amende arbitraire, d'autant que la manufacture deſdites glaces eſtoit libre comme

il apparoiſſoit tant par les ordonnances de meſtier de Doreur, que ſentence de Nous donnée d'vne part, & ledit Haudebourg Procureur deſdits iurez bimblotiers, miraliers demandeurs & ſouſtenans la ſaiſie faite à leur requeſte, qui auroit dit qu'à iuſte cauſe iceux iurez , miroitiers , bimblotiers auroient ſaiſi les outils & autres choſes mentionnees
en leur rapport ſur ledit Papin & conſors, pource qu'il ne
leur eſtoit loiſible beſongner pour ledit Vincent, ne autres
Doreurs, meſmes eſtoit deffendu auſdits Doreurs de n'entreprendre ſur leur eſtat, ce que toutesfois ils faiſoient, &
faiſans trauailler ledit Papin & conſors, pour eux, ce que leur
eſtoit deffendu, que par les ordonnances deſdits iurez, que
ſentence de nous donnee, que arreſt de la Cour confirmatif
d'icelle ſentence. Partant leſdits outils & beſongnes par eux
ſaiſies deuoient eſtre confiſquees, defences de ne plus bailler
à beſongner auſdits compagnons miroitiers, ſur peine d'a-
mande arbitraire, ſouſtenant qu'aucune main-leuee ne de-
uoit eſtre faicte audit Vincent deſdits outils ſaiſis, requerans defences à l'aduenir aux deſſuſdits, & à tous autres s'ils
ne ſont maiſtres bimblotiers, miroitiers de ne plus faire ne
vendre aucunes glaces ne miroirs de criſtal & criſtalin, au
preiudice de l'ordonnance, ſur peine de confiſcation & d'a-
mende arbitraire , & requerant deſpens , & que par ledit
Cordier Procureur dudit Vincent Moiſi , iceluy Moiſi preſent en perſonne auroit dit que de tout temps , & anciennne-
té les Doreurs ſur cuir, ont fait & vendu de toutes ſortes
de miroirs, horſmis des miroirs de Berluë & par leurs ordon-
náces leur eſt permis d'en faire & vendre, cõme dependans
de leur meſtier, & non du meſtier des bimbelottiers, leſquels
bimbelotiers ne peuuent faire & vendre ſinon des miroirs
de Berluë , & auſſi que la manufacture des glaces des miroirs eſt libre à toutes perſonnes qui en peuuent faire , ſouſtenu au contraire par ledit Haudebourg, audit nom d'vne,
part lequel acte , parties ouïes les euſſions appointees à
mettre leurs ordonnances, ſentences, pieces & exploits pardeuers nous , dedans trois iours eſcriroient par aduertiſſement, ſans contredits, ne autre forcluſions, & ſeroit le tout

reurs de faire,
& faire faire
des glaces, tant
d'aſtier que cri-
ſtal & criſtalin,
ce qui a eſté iu-
gé par ſentence
confirmee par
l'Arreſt ſui-
uant.

prealablement communiqué au Procureur du Roy, en la Cour de ceans, & cependant par prouiſion les outils & glaces appartenans audit Moiſi, luy ſeroient rendus en baillant caution, depuis lequel appointement Oliuier Muſnier, Iean Loré, Guillaume Carrelier & Iean Collier à preſent iurez du meſtier de Doreur ſur cuir, garniſſeurs & enjoliueurs à Paris, Conſtans Breinuille & Vincent Moiſi, maiſtres & Bacheliers dudit meſtier, ſe ſeroient ioints auec ledit Vincent Moiſi maiſtre dudit meſtier, à l'encontre deſdits iurez bimblotiers, & ſouſtenu que les maiſtres dudit meſtier de doreur ſur cuir, garniſſeurs & enjoliueurs pourroient faire, & faire faire des glaces & miroirs, tant d'acier, criſtal & criſtalin iceux miroirs enioliuer, vēdre & debiter, ſouſtenu au contraire par leſdits iurez bimblotiers, mirailliers, & n'appartenoit qu'aux miroitiers, empeſchant ladite adionction par proteſtation qu'elle ne leur puiſſe preiudicier. Surquoy par acte iudiciaire de nous donné entre icelles parties le Lundy troiſieſme iour de Decembre, l'an mil cinq cens ſoixante ſeize, euſſions ordonné aux parties, lettres de ladite adionction, laquelle ſeroit iointe au preſent procez, & vous ferez ainſi que de raiſon, afin de deſpens. Veu auſſi les faits, raiſons & aduertiſſement deſdites parties, ladite adionction acte & appointement deſſuſdits, les ordonnances des meſtiers d'icelles parties, lettres, ſentences, arreſts de la Cour, extraicts, pieces & enſeignemens deſdites parties, & tout ce que par elles a eſté mis & produit à Cour, enſemble les concluſions baillees par le Procureur du Roy noſtre Sire au Chaſtellet : Auquel iour & au nom dudit ſeigneur, le tout auroit eſté communiqué, & tout veu & conſideré, ce qui faiſoit à voir & conſiderer en ceſte partie. N o v s diſons ouys les gens du Roy, que la ſaiſie faicte à la requeſte deſdits demandeurs ſur ledit Moiſi, eſt declaree & la declarons tortionniere & deſraiſonnable, & en ce faiſant main-leuée luy en ſera faicte, & la faiſons, & neantmoins ſont faictes, & faiſons deffences auſdits demandeurs, d'empeſcher leſdits defendeurs de faire glaces, auſquels & à tous autres permettons d'en faire, nonobſtant choſe propoſee au contraire par

leſdits

lefdits demandeurs, dont les deboutons & condamnons és
defpens par noftre fentence iugement & par droiĉt : En tefmoin de ce nous auons fait mettre à ces prefentes le fcel de
ladite Preuofté de Paris, ce fut fait & prononcé en iugement pardeuant nous audit Chaftelet de Paris, en la prefence des Procureurs defdites parties le Mercredy vingt-
feptiefme iour de Feurier, l'an mil fix cens foixante dix-fept,
Ainfi figné.   Droüart.

ARREST DE LA COVR DE
Parlement confirmatif de ladite fentence.

COmme de la fentence donnée par noftre Preuoft de
Paris ou fon Lieutenant, le vingt-feptiefme iour de
Feurier mil cinq cens foixante dix-fept, entre les iurez bimblotiers, mirailliers de la ville de Paris, demandeur en faifie
d'vne part, & Vincent Moifi maiftre Doreur fur cuir, garniffeur & enjolliueur dans la ville de Paris, & les iurez dudit
meftier ioint auec luy, defendeur d'autre. Par laquelle noftredit Preuoft ou fon Lieutenant, apres auoir oüy le fub-
ftitud de noftre Procureur General au Chaftelet de Paris,
auroit declaré ladite faifie tortionnaire & defraifonnable
& fait main-leuée audit Vincent Moifi , & auroit fait defences aufdits demandeurs d'empefcher lefdits defendeurs def-
faire glaces pour miroir, & auroit permis aufdits defendeurs & à tous autres faire glaces pour miroirs, & condamnez lefdits demandeurs aux defpens, euft efté de la part de
dits demandeurs appellé à noftredite Cour de Parlement, en
laquelle parties ouïes en leurs caufes d'appel, & le procez par
efcrit, conclud & reçeu pour iuger entre icelles, fi bien ou
mal auroit efté appellé , ioint les griefs hors le procez, pretendus moyens de nullité, & produĉtion nouuelle defdits
appellans, & pourroient bailler dedans le temps de l'ordon-

C

nance leurſdits griefs & pretendus moyens de nuilité, leſdits intimez pourroient reſpondre, & contre ladite production nouuelle bailler contredits aux deſpens deſdits appellans, iceluy procez veu, griefs, reſponces à iceux, forcluſions de produire de nouuel par leſdits appellans, & le tout diligemment examiné. Noſtredite Cour par ſon iugement & arreſt, à mis & met l'appellation au neant ſans amende & deſpens de ladite cauſe d'appel, à neantmoins ordonné & ordonne que la ſentence de laquelle a eſté appellé, ſortira ſon plein & entier effeCt, la taxe deſdits deſpens adiugez pardeuers elle reſeruée ; Prononcé le vingt-neufieſme iour de Nouembre l'an mil cinq cens ſoixante dix-huiCt. ExtraiCt des regiſtres de Parlement, ainſi ſigné, de Heüen.

ARREST DV DIX-SEPTIESME

Feurier , mil cinq cens quatre-vingts ſeize , portant main-leuée des ciues pour faire glaces des miroirs , ſaiſis ſur Conſtant Binuille, par les Maiſtres Iurez Lunetiers, Bimblotiers, & Miroitiers dont la teneur s'enſuit.

COMME de la ſentence donnée par noſtre Preuoſt de Paris, ou ſon Lieutenât, le quinzieſme OCtobre mil cinq cens quatre vingts quatorze, au profit de Conſtant Binuille maiſtre doreur, garniſſeur & enioliueur de ceſte ville de Paris, & faiſeur de miroirs, defendeur & demandeur, les iurez dudit meſtier de doreur & enioliueur ſur cuir, ioints auec luy à l'encontre des maiſtres iurez lunetiers, miroitiers & bimblotiers, demandeurs en ſaiſie & arreſt, & defendeur, par laquelle noſtredit Preuoſt de Paris ou ſon Lieutenant, oüy le ſubſtitut de noſtre Procureur general, auroit declaré la ſaiſie de cent cinquante ciues de criſtalin, faiCte à la requeſte deſdits iurez lunetiers, miroitiers & bimblotiers, le vingt-

quatriefme Aouft mil cinq cens quatre vingts quatorze,
bonne & valable, & fans s'arrefter à la requefte verbale faite
par lefdits Binuille,& ioints le trenticfme Septembre enfui-
uant,ordonné que lefdits ciues de criftalin feroiét reprefen-
tees par les gardiens d'icelle,pour eftre vendues & loties entre les maiftres defdits deux meftiers, & ce au prix qu'ils auroient efté achetez par ledit de Binuille iceluy & Binuile cõ-
fors condamnez és defpens pour ce regard, & entant que
concernoit la faifie faicte à la requefte des lunetiers & bimblotiers,le cinquiefme dudit mois de Septembre,auroit icelle faifie declaré tortionnaire & defraifonnable main-leuee
faicte audit de Bienuille de glaces & miroirs de Venife, &
fufts de miroirs faifis fur luy, les gardiens defchargez, & lefdits faififfans,condamnez és defpens dommages & interefts,
procedans de leur faifie, & faifant droict fur l'inftance de
fommation , lefdits iurez lunetiers & bimblotiers con-
damnez acquiter, garantir & rendre indamné ledit de Bienuille des dommages & interefts, que Girard Inbert pretend
à l'encontre de luy, & efquels il pourroit eftre condamné
enuers iceluy Inbert, & és defpens de ladite fommation,en
defendant & demandant. Et faifant droict fur les conclufions dudit fubftitut ordonné par maniere de prouifion , &
iufques à ce que l'oppofition formee à la verification des
ordonnances defdits lunetiers,miroitiers & bimblotiers,foit
vuidée & terminée,qu'il feroit loifible aux maiftres defdits
deux meftiers de miroitiers,lunetiers & bimblotiers d'vne
part, & des doreurs enioliueurs fur cuir,d'autre achepter des
glaces de miroirs, & ciues de criftalin, faire indifferemment
des glaces de miroirs, auec defenfes, neantmoins aux mai-
ftres defdits meftiers, d'acheter aucunes marchandifes forai-
nes de criftalin, & autres feruans à faire miroirs, que les iu-
rez defdits deux meftiers ne les ayent veus, à ce qu'ils puiffent aduertir les maiftres de chacun defdits meftiers de fe
trouuer à la vente qui en feroit faicte, & en prendre leur lot
fi bon leur fembloit, & fans defpens , pour ce regard euft
efté de la part defdits maiftres iurez lunetiers, miroitiers,
bimblotiers demandeurs, appellé à noftre Cour de Parle-

C ij

ment, en laquelle lefdites parties ouïes en leurs caufes d'appel, & le procez par efcrit conclud & receu pour iuger fi bien ou mal auroit efté appellé, ioints les griefs hors le procez, pretendus moyens de nullité, & production nouuelle defdits appellans, qu'ils pourroient bailler dans le temps de l'ordonnance, aufquels griefs & pretendus moyens de nullité, lefdits intimez pourroient refpondre, & contre ladite production nouuelle, bailler contredits aux defpens defdits appellans, iceluy procez forclufion de fournir griefs & produire de nouuel par lefdits appellans, veu & diligemment examiné. Noftredite Cour par fon iugement & arreft à mis & met ladite appellation au neant fans amende. A ordonné & ordonne que ladite fentence de laquelle a efté appellé fortira fon plain & entier effect : Et fi a condamné & condamne lefdits appellans aux defpens de la caufe d'appel, tels que de raifon, la taxation d'iceux par deuers elle referuée : Prononcé le dix-feptiefme Feurier mil cinq cens quatre vingts feize. Signé, Gallard.

ARREST DE REGLEMENT SVR

l'oppofition à la verification des ftatuts & ordonnances des Maiftres Lunetiers, Bimblotiers & Miroitiers, du cinquiefme Ianuier mil fix cens treize, dont la teneur s'enfuit.

ENTRE les Maiftres Doreur fur cuir, foy difans & pretendans eftre Miroitiers de cefte ville de Paris, demandeurs en requefte prefentee à la Cour le dixfeptiefme Ianuier dernier, tendant afin d'eftre receus oppofans à l'execution de l'arreft obtenu par les Maiftres Lunetiers Bimblotiers, & foy difans auffi Miroitiers de cefte ville, fur la verification des Lettres par eux obtenues en forme d'Ordōnan-

ce pour leur Meſtier ; & encores demandeurs & requerans la
verification des Lettres par eux auſſi obtenues en forme de
Confirmation de leur Reiglement, Statuts & Priuileges, au
mois de May dernier, afin d'eſtre maintenus & gardez en poſ-
ſeſſion & iouyſſance de faire, ouurer & acheter toutes ſortes
de miroirs, d'acier & de criſtal & criſtalin, ou de quelque autre
eſtoffe ou matiere que ce ſoit, & deffences fuſſent faites aux
Lunetiers & Bimblotiers de faire peindre & dorer, argenter,
ny enjoliuer aucun fuſt de Miroirs ny en acheter ou expoſer
en vente, & ladite manufacture declaree leur appartenir priuatiuement à tous autres Meſtiers de ceſte ville de Paris
d'vne part : Et leſdits Maiſtres Iurez Lunetiers Bimblotiers,
& ſoy diſans Miroitiers, deffendeurs à ladite oppoſition, &
encore oppoſans à la verification deſdites lettres, mainte-
nans à eux ſeuls appartenir la qualité de Miroitiers, en l'art
de manufacture dudit meſtier de faire toutes ſortes de Miroits de glace, de criſtal, criſtalin & de verre, & de toutes autres ſortes de verre, ſuiuant leurs Statuts & Comfirmation
d'iceux, verifiez en la Cour, d'autre. VEV par la Cour les
appointemens en droict à eſcrire par aduertiſſemens, &
produire ce que bon leur ſembleroit par deuers eux dans
huictainne, ſeroient les productions communiquees pour
bailler contredicts & ſaluations à la huictaine, enſuiuant à
ouyr droict, & ſur l'oppoſition produire dans huictaine,
pendant lequel temps pourront les oppoſans fournir de leurs
cauſes d'oppoſitions, & les demandeurs en lettres de reſponces, & ioinct à l'autre inſtance, & acte aux parties de ce qu'elles auroient reſpectiuement employé pour toutes eſcritures
& production ſur l'inſtance d'oppoſition, ce qu'elles auroient
eſcrit & produit en l'inſtance principale : Aduertiſſemens &
productions deſdites parties, auec leurs contredict, & ſaluations ; Productions nouuelles des Maiſtres Iurez Doreurs
ſur cuir, Requeſte des Maiſtres Iurez Lunetiers & bimblotiers du ſeizieſme Iuin dernier employee pour contredicts
contre ladite production nouuelle, Concluſions du Procureur general du Roy ; Arreſt du dernier Iuin, par lequel au iugement deſdites inſtances ladite Cour auroit ordonné que

---

Marginal notes:

Leſdits maiſtres Doreurs qui ont fait & inuenté toute ſorte de garniture & enchaſeure de Miroirs, & fondés en maiſtriſe & ordonnances.

Teſmoins ouys d'office ſur faits ſecrets.

aucuns tefmoins feroient ouys d'office à la requefte du Procureur general du Roy, fur faits fecrets qui feroient extraicts
du procés, pour ce faict & raporté & communiqué audit
Procureur general, eftre ordonné ce que de raifon : Ladite
Requefte d'office, l'Arreft de reception d'icelle pour iuger, &
les parties à ouyr droict du treziefme Nouuembre dernier,
par lequel fur l'appel interiecté par lefdits Maiftres Doreurs
fur cuir de la verification faite par le Preuoft de Paris ou fon
Lieutenant le vingtquatriefme Decembre mil fix cens vnze,
des Lettres obtenues par les Maiftres Iurez Lunetiers &
Bimblotiers, pour comfirmer les Statuts, les parties auroient
efté appointees au Confeil, fourniroient les appellans leurs
caufes d'appel dans trois iours ; les inthimez leurs refponces
trois iours apres, produiront les parties ce que bon leur fembleroit pardeuers ladite Cour dans huictaine, & lefdits ap-
pointez au Confeil ioinct au procés, & inftances pendantes
entre lefdites parties: Requefte par lefdits oppofans prefentee le premier iour de Decembre, employee par eux pour
caufes d'appel, production defdits appellans, Requefte des
inthimez du douziefme dudit mois, par laquelle ils auroient
employé ce qu'ils auroient efcrit & produit audit procés &
inftance: conclufions du Procureur general du Roy, auquel
le tout auroit efté communiqué fuiuant l'Arreft, tout confideré : DICT A ESTE que ladite Cour faifant droict
fur les demandes & oppofitions refpectiuement faites par les
parties, A ordonné & ordonne que les deux Meftiers de Doreurs fur cuir, garniffeurs & enioliueurs ; & des Lunetiers
Bimblotiers & Miroitiers, demeureront diftincts & feparez
l'vn d'auec l'autre, & en ce faifant qu'à eux feuls Lunetiers

Bimblotiers & Miroitiers appartiendra la manufacture des
Ciues de verte & criftalin, tant de Venife que d'ailleurs, &
feuls pourront ouurer & faire des Miroits, priuatiuement aufdits Doreurs fur cuir, lefquels Miroitiers pourront enchaffer
lefdits Miroirs, & vendre les glaces en bois de Layetiers à
fuft noircis, enluminez de couleurs, dorez ou argentez feulement fans autre garnitures ; fe pourront dire & nommer
Maiftres Miroitiers, Lunetiers & Bimblotiers. Et lefdits

Doreurs sur cuir pourront garnir & enjoliuer de toute sorte de Miroirs & glaces, les dorer & argenter sur cuir de Maroquin de leuant & tous autres, & les embellir de toutes sortes de garnitures, moresques & autres, selon qu'ils en seront requis, sans qu'ils se puisse dire ny qualifier Maistres Miroitiers: Ordonne que les vns & les aueres pourront indifferemment achepter & vendre toutes sorte de glaces de verre, & cristalin tant de Venise que d'ailleurs, pour les mettre en œuure, & les vendre, sçauoir lesdits Miroitiers en la forme susdite; & quant aux Doreurs sur cuir, pourront en vendre tant de ceux garnis de layeteries & fust noircis & enluminez de couleurs, que garnis & enioliuez, & dorez sur bois & sur cuir: A mis & met l'appellation & ce dont a esté appellé au neant, sans amende, & les parties hors de Cour & de procés, le tout sans despens. Prononcé le cinquiesme Ianuier, mil six cens treize. Signé, VOSIN.

straint lesdits lunetiers à vendre leur glaces en bois de layetier seulement, & sans autre garniture comme estant le propre desdits Doreurs de garnir les glaces des miroirs en toute sorte de garniture comme elle a iugé par tous les Arrests.

SENTENCE DV DEVXIESME

Auril mil six cens treize rendue par Monsieur le Bailly du Palais en execution d'arrest du cinquiesme Ianuier precedent, par laquelle il est permis ausdicts Maistres Doreurs sur cuir, garnisseurs & enioliueur, d'appliquer l'estain aux glaces, pourueu qu'ils ne battent point la feuille d'estain dont la teneur ensuit.

A Tovs ceux qui ces presentes lettres verront, Chrystophle de Harlay Cheualier, seigneur Comte de Beaumont & Stains, Conseiller du Roy en ses Conseils d'eſtat & priué Capitaine de cinquante hommes d'armes de ſes ordonnances, Gentil-homme ordinaire de ſa Chambre, enſeigne de ſa Compagnie, & Bailly de ſon Palais à Paris, Salut. Comme procez fuſt meu & intenté pardeuant Nous, ou noſtre Lieutenant: Entre les Iurez Lunetiers, Miroitiers & Bimblotiers à Paris, demandeurs aux fins de la requeſte par eux preſentee en la Cour de ceans le vingt-quatrieſme iour de Ianuier mil ſix cens treize, & exploict fait en vertu d'icelle, le vingt-ſixieſme iour deſdits mois & an, par Tollé Huſſier ſergent Royal en ce Baillage d'vne part, & Edmond le Gendre maiſtre Doreur ſur cuir, garniſſeur & enjoliueur en ceſte ville de Paris, defendeur d'autre part: Pour raiſon des demandes, & defences deſdites parties qui eſtoient : ſur ce que leſdits demandeurs diſoient que le defendeur qui a ſa boutique en la Cour du Palais, pretendant auoir quelque permiſſion de nous de trauailler en hebene ſeulement , & combien qu'il ne ſoit maiſtre de leur meſtier, ny fait aucun apprentiſſage d'iceluy, ſurpaſſant noſtredite permiſſion, entreprenoit iournellement ſur leur meſtier, & faiſant tout ainſi que s'il euſt eſté maiſtre d'iceluy : & encores que ladite permiſſion ne fuſt donnée auec eux, ny eux ouys, & laquelle ne luy pouuoit ſeruir de tiltre ny fondement pour entreprendre ſur leur meſtier, ainſi qu'il faiſoit & recognoiſſoit auoir apoſé l'eſtain & vif argent aux miroirs, qui eſt vne dependance de leur meſtier, au moyen dequoy il nous auroient preſenté leur requeſte ledit iour vingt-quatrieſme Ianuier à ce qu'il leur fuſt permis proceder par voye de ſaiſie ſur l'ouurage dudit defendeur en quelque part qu'il fuſt, ſur laquelle aurions ordonné ledit defendeur eſtre appellé, ce qui auroit eſté fait par Tollé Huiſſier le vingt-ſixieſme deſdits mois & an, & le meſme iour les parties eſtant comparuës à l'aſſignation pardeuant nous, leſdits demandeurs auroient perſiſté en leurs concluſions, & requis que pour la contrauention faicte par le defendeur, il fuſt condamné en l'amande, auec defenſes à luy de faire aucune manufacture ny entreprendre ſur le meſtier deſdits demandeurs, & outre qu'il fuſt condamné en tous leurs deſpens dommages & intereſts,

&

& qu'il euſt à ſe purger par ſerment s'il auoit pas trauaillé iournellement aux miroirs, meſmes appoſé aux glaces l'eſtain & autres choſes dependant de leurdit meſtier, & par ledit defendeur, auroit eſté dit qu'il eſtoit fondé en permiſſion & ſentence ſurce interuenue qu'il n'auoit aucune choſe entrepris ſur le meſtier des demandeurs, & requiert eſtre enuoyé abſous auec deſpens. Surquoy & apres auoir pris le ſerment dudit defendeur qui auroit recognu auoir appoſé du tain à quelques glaces de Venize parce qu'il n'eſtoit defendu, aurions ordonné que l'arreſt dont s'aidoient les demandeurs, & leurs ſtatuts & ordonnances ſeroient mis pardeuers nous, auec ce que bon leur ſembleroit produire pour le tout veu & communiqué au Procureur du Roy audit Baillage leur eſtre fait droit ainſi que de raiſon & afin de deſpens, auquel appointement les parties ont ſatisfait & produit de part & d'autre: Sçauoir faiſons que veu par nous ou noſtredit Lieutenant, noſtredit appoinctement à produire dudit iour vingt-ſixieſme Ianuier dernier, ladite requeſte & exploict de Tollé dudit iour vingt-ſixieſme Ianuier, copie collationnée le vingt-huictieſme Decembre mil ſix cens vnze, pardeuant Goguin & Theuenin Notaires des ſtatuts & ordonnances du meſtier des demandeurs, donnees au mois d'Aouſt mil cinq cens quatre-vingts vn. Autre copie collationnée par leſdits Goguin & Theuenin ledit iour vingt-huictieſme Decembre mil ſix cens vnze, d'vn arreſt de la Cour du dix-ſeptieſme deſdits mois & an, donné ſur la requeſte deſdits demādeurs, autre copie collationnee par les meſmes Noraires, d'autre arreſt du dix-ſeptieſme deſdits mois & an, autre copie collationnee par leſdits Notaires de la confirmation des lettres patentes de ſa Maieſté pardeuant le Preuoſt de Paris le vingt-quatrieſme deſdits mois & an, copie collationnée par noſtre Greffier, le quinzieſme iour de Mars des lettres de reception par nous faicte dudit defendeur, pour faire des fuſts d'hebeine & autres bois de miroirs ſur le territoire dudit bailliage, du quatorzieſme iour d'Octobre mil cinq cens quatre-vingts-dix-neuf, autre copie collationnee par noſtredit Greffier, ledit iour quinzieſme Mars, des lettres de rece-

D

ption faicte dudit defendeur à la maiftrife de Doreur fur cuir, garniffeur en cefte ville de Paris, par chef-d'œuure pardeuant le Procureur du Roy du Chaftelet, le cinquiefme Mars dernier, noftre iugement donné entre les parties le vingtiefme Auril mil fix-cents dix, copie non fignée de l'arreft de la Cour du cinquiefme Ianuier dernier donné entre les maiftres Doreurs fur cuir & les demandeurs, conclufions dudit Procureur du Roy, audit Baillage, auquel tout a efté communiqué, & tout ce que par lefdites parties a efté mis & produit pardeuant nous : le tout confideré : N o v s difons en confequence dudit arreft que defences foit faites aufdits demandeurs de troubler ny empefcher ledit defendeur de garnir & enjoliuer toutes fortes de glaces de verre & criftallin, tant de Venife que d'ailleurs, d'y appliquer les feuilles d'eftain qu'il acheptera comme lefdites glaces, les mettre en œuure & les vendre fans toutesfois que ledit defendeur puiffe, & luy foit loifible ouurer & faire glaces de miroirs, ny lefdites feuilles d'eftain qu'il appliquera, à peine d'amende arbitraire & fans defpens, par noftre fentence, iugement & par droit. Et eft au dictum, figné de l'Arche Rapporteur, Chapelain & Viuien. S i donnons en mandement au premier Huiffier fergent Royal dudit Baillage ou autre premier fur ce requis, que ces prefentes il execute & mette à deuë & entiere execution de poinct en poinct felon leur forme & teneur, de ce faire luy donnons pouuoir. En tefmoin dequoy auons fait mettre & appofer le fcel Royal dudit Baillage, aufdites prefentes qui furent faictes & prononcees aufdits iurez, miroitiers, affiftez de maiftre Iean Texiers leur Procureur, & audit Edmond le Gendre, auffi affifté de maiftre Oliuier Gautier, pour du Vas fon Procureur, le deuxiefme iour d'Auril mil fix cents treize.

Permis par la fentence audit le Gendre maiftre Doreur fur cuir d'appliquer la fueille d'eftain qu'il acheptera comme lefdites glaces pour les mettre en œuure.

Signé,   IANNEL.

ARREST DV DIX-HVICTIE-
*me de May mil six cens treize, par lequel a
esté fait main-leuee respectiuement des choses
saisies, & enioint ausdites parties, de garder
& obseruer l'arrest precedent, dont la teneur
s'ensuit.*

COMME de la sentence donnee par nostre Preuost de
Paris, ou son Lieutenant, le vingt-cinquiesme Ianuier
mil six cens douze, entre les Doreurs de cuirs, garnisseurs,
enjolliueurs & miroitiers demandeurs en saisie de miroirs &
fusts couuerts de cuir doré d'vne part, & Anthoine Daage
maistre miroitiers, bimblotiers, lunetiers de Paris, defendeur
en saisie, les iurez dudit mestier ioints & interuenant auec luy
d'autre part, & encores lesdits iurez miroitiers, bimblotiers,
lunetiers demandeurs en saisie de quelques miroirs peints,
noircis & enluminez, contre François Roger maistre Doreur sur cuir, garnisseur & eniolliueur à Paris, defendeur à
ladite saisie, les iurez dudit mestier interuenans auec luy, &
ioints d'autre, par laquelle la saisie faicte à la requeste desdits
Doreurs, sur ledit Daage de certaine quantité de miroirs
dorez & eniolliuez; auroit esté declarez bonne & vallable, &
en consequence d'icelle, lesdits miroirs saisis, confisquez, &
faisant droict, sur la saisie faicte à la requeste desdits iurez
lunetiers, des fusts & miroirs noircis trouuez en la possession
dudit François Roger, auroit esté declarez iniurieuses, tortionnaire & desraisonnable, & fait main-leuee desdits fusts
saisis, auec defences à l'aduenir ausdits miroitiers, lunetiers
de dorer ny argenter sur miroirs, ce qui appartiendra ausdits Doreurs eniolliueurs seulement & sans despens. Eust esté
de la part desdits iurez miroitiers, lunetiers & bimblotiers
appellé à nostre Cour de Parlement, en laquelle le procez

D ij

par escrit conclud & receu pour iuger en icelle entre lesdits
appellans d'vne part, & les iurez doreurs sur cuir, garnisseurs,
enioliueurs & miroitiers intimez d'autre, si bien ou mal auroit esté appellé, les despens respectiuement requis, & l'a-
mande pour nous, ioints les griefs & moyens de nullité, &
production nouuelle des appellans, ausquels les intimez
pourroient respondre & bailler contredits. Veu iceluy procez, griefs & responces, forclusions de produire de nouuel
par les appellans, arrests du cinquiesme Ianuier dernier, donné entre lesdits, par lequel auroit esté ordonné que les deux
mestiers de Doreurs sur cuir, garnisseur & enioliueur, & des
lunetiers, bimblotiers & miroitiers demeureroient distincts
& separez l'vn de l'autre, & qu'ausdirs lunetiers, bimblotiers
& miroitiers appartiendroit la manufacture des ciues de verre & cristalin, tant de Venize que d'ailleurs, & seuls pourroient ouurer, & faire glaces de miroirs priuatiuement ausdits doreurs en cuir, lesquels miroitiers pourroient enchasser
lesdits miroirs en bois, & layetiers à fusts, noircis & enluminez de couleurs, dorez ou argentez seulement sans autre
garniture, & se pourroient dire & nommer maistres miroitiers, lunetiers, bimblotiers, & lesdits Doreurs sur cuir pourroient garnir & enioliuer toutes sortes de glaces & miroirs,
les dorer & argenter sur cuir de marroquin de leuant & tout
autres, & les embellir de toutes façons & garnitures moref-
ques, & autres selon qu'ils en seront requis, sans qu'ils se
puissent dire ny qualifier maistres miroitiers, & ordonne que
les vns & les autres pourroient indifferemment acheter &
vendre toutes sortes de glaces de verre & cristalin, tant de
Venise qu'ailleurs, & iceux mettre en œuure, Sçauoir lesdits
miroitiers en la forme & maniere susdite, & lesdits Doreurs
sur cuir, vendre tant de ceux garny de layeteries à fusts
noircis, & enluminez de couleurs, que garnis & enluminez
& dorez sur bois & sur cuir, & tout diligemment examiné.
Nostredite Cour par son iugement & arrest, à mis & met
l'appellation & sentence de laquelle a esté appellé au neant
sans amande, & en emandant ladite sentence, les parties hors
de Cour & de procez, fait neantmoins main-leuée des choses

faisies, tant sur ledit Daage que Roger, & ordonne qu'elles leur seront rendues, enjoint respectiuement ausdites parties, & maistres de chacun desdits mestiers, d'obseruer & entretenir le contenu audit arrest, du cinquiesme Ianuier dernier sans despens, tant de la cause principale que d'appel. Prononcé le dix-huictiesme iour de May mil six cens treize.

Signé,   DV TILLET.

AVTRE ARREST DV DEVXIES-me Septembre mil six cens vingt-huict, par lequel il est ordonné que lesdits Doreurs & lunetiers pourront indifferemment acheter & vendre toutes sortes de glaces, de verre cristalin, tant de Venise que d'ailleurs pour les mettre en œuure ainsi qu'il est porté par ledit arrest, dont la teneur s'ensuit.

ENTRE les iurez miroitiers, lunetiers & bimblotiers de ceste ville de Paris, appellans d'vn iugement donné par ledit Substitud du Procureur general au Chastelet de Paris, le vingt-vn Auril mil six cens vingt-sept, intimez & demandeurs à l'enterinement d'vne requeste presentee à ladite Cour, le vingt-vniesme dudit mois d'Auril, d'vne part & les maistres iurez Doreurs sur cuir, garnisseurs & eniolieurs de cestedite ville de Paris, intimez & appellans de deux aduis & iugemens rendus par ledit Substitud, le vingt-cinq & vingt-six de Iuin mil six cens vingt-vn, & defendeurs d'autre : Veu par la Cour ledit iugement du vingt-vn Auril mil six cens vingt-sept, donné entre lesdits iurez Doreurs de cuir, demandeurs en saisie d'vne part, & Iudicq de Bar reuenderesse publique defenderesse d'autre, par laquelle le grand miroir garny de bois d'ebene, saisi sur ladite

D iij

de Bar, auroit efté confifqué, & defences faictes à icélle de
Bar, de plus colporter ny vendre des miroirs à peine de cent
liures d'amende, & pour la faute par elle commife condamné en quarante-huict fols parifis d'amende, & aux fraiz des
iurez liquidez à pareille fomme. Autre iugement defdits
vingt-cinq & vingt-fix Iuin mil fix cens vingt-vn, entre lefdits Doreurs fur cuir, demandeurs en confifcation d'vn miroir faifi fur Thomaffe Maillard d'vne part, & ladite Maillard & les iurez dudit meftier de miroitiers, lunetiers, bimblotiers interuenans, & ioints auec ladite Maillard d'autre
par lefquels main-leuee auroit efté faicte à ladite Maillard
dudit miroir fur elle faifi, qui luy feroit rendu, auec defences
aufdits Doreurs de plus faire telle faifie, arreft de ladite
Cour : Entre lefdits iurez miroitiers, lunetiers & bimblotiers, appellans & intimez d'vne part, & lefdits iurez Doreurs fur cuir garniffeurs & enioliueurs intimez & appellans
d'autre, par lefquels lefdites parties auroient efté appointee
au confeil, efcrire & produire caufes & moyens d'appel, &
refponces par elle refpectiuement fournies, requefte defdits iurez miroitiers, lunetiers & bimblotiers, à ce qu'en in-
terpretant l'arreft de reglement du cinquiefme Ianuier mil
fix cens treize, defences foient faites à l'aduenir aufdits Doreurs fur cuir, d'enchaffer, garnir ou faire garnir en leurs
boutiques ou ailleurs, aucuns miroirs garnis en bois de layeterie, ny de quelque bois que ce puiffe eftre, esbene ou
poirier finon fur cuir de marroquin de leuant, & tout autre
cuir, defences, appointement en droit, efcritures & productions defdites parties, tant fur lefdites appellations que requefte, contredits & faluations par elles fournies, fuiuant
les arrefts des quatriefme Mars, & vingtiefme Iuillet mil fix
cens vingt-huict, ledit arreft du cinquiefme Ianuier mil fix
cens treize, donné entre lefdites parties, par lequel auroit
efté ordonné que les deux meftiers de Doreurs fur cuir,
garniffeurs & enioliueurs, & des lunetiers, bimblotiers &
miroitiers demeureront diftincts & feparez, l'vn d'auec l'autre. Et en ce faifant qu'aux feuls lunetiers, bimblotiers &
miroitiers appartiendroit la manufacture des ciues de verre

& criſtalin, tant de Veniſe que d'ailleurs, & ſeuls pourroient
ouurer & faire glaces de miroirs priuatiuement auſdits Doreurs ſur cuir, leſquels miroitiers pourroient enchaſſer leſdits miroirs & vendre les glaces en bois de layetterie à fuſts,
noircis & enluminez de couleurs, & dorez ou argentez ſeulement, ſans autre garniture, & ſe pourroient dire & nommer maiſtres miroitiers, lunetiers & bimblotiers, & leſdits
Doreurs ſur cuir, pourroient garnir & enjoliuer toutes ſortes de glaces & miroirs, les dorer & argenter ſur cuir de marroquin de leuant & tout autre, & les embellir de toutes
ſortes de garnitures & moreſques, & autres ſelon qu'ils
en ſeroient requis, ſans qu'ils ſe puiſſent dire ny qualifier
maiſtres miroitiers, & ordonné que les vns & les autres
pourroient indifferemment achepter & vendre toutes ſortes de glaces de verre & criſtalin, tant de Veniſe que d'ailleurs, pour les mettre en œuure & les vendre, ſçauoir leſdits
miroitiers en la forme & maniere ſuſdite, & quand aux Doreurs ſur cuir, pourroient en vendre tant de ceux garnis de
layeterie à fuſts, noircis & enluminez de couleurs, que garnis & enioliuez, & dorez ſur bois & ſur cuir, enqueſte d'office, faicte pardeuant maiſtre Iacques Gillot, Conſeiller en
ladite Cour, le ſixieſme Aouſt mil ſix cens douze, concluſ-
ſions du Procureur general du Roy, le tout ioint & conſideré. DIT a eſté la Cour ſur l'appel de la ſentence dudit
vingt-vnieſme Auril mil ſix cens vingt-ſept, à mis & met
l'appellation, & ce dont a eſté appellé au neant, emandant
a fait main-leuée du miroir ſaiſi, & neantmoins à ladite
Cour, fait defences à toutes perſonnes de colporter, ny faire colporter dans les maiſons, & par les rues, par reuendeurs
ou reuerendereſſes, aucuns miroirs à peine de confiſcation,
& d'amande arbitraire, & en cas de contrauention permet
auſdites parties reſpectiuement de les faire ſaiſir, & faiſant
droit ſur l'inſtance en interpretation de l'arreſt du cinquieſ-
me Ianuier mil ſix cens treize, ordonne que leſdits miroitiers ſeuls, pourront enchaſſer toutes glaces de miroirs en
toutes ſortes de bois, d'esbene, poirier, heſtre tout ſimple
ſans aucune enjoliueure, & leſdits Doreurs ſur cuir, pour-

Layetiers qui font des fusts de Miroirs, les Menuisiers d'ebeine & poirier, & les layetiers de bois de hestre, ausquels il n'est pas permis d'enchasser ny vendre des miroirs & non lesdits Doreurs, auquel il est permis par tous les arrests de garnir toute sorte de glace & miroirs en toute sorte de garniture.

✝ Ouurage de main, s'entend la manufacture des ciues de verre & cristalin, lesquelles il faut vser sur le rondeau les doußir & pollir pour rendre glace parfaicte pour seruir de miroirs qui est la seule fonctiõ parfaite à quoy est attribuee la maistrise de miroitier, comme il se voyoit par les premiers Arrests.

ront enchasser les glaces parfaictes que n'auront besoin * d'aucun ouurage de main, & enioliuer toutes sortes de miroirs, les dorer & argéter sur cuir de marroquin de leuant & autres, & les embellir de toutes façons de garnitures, moresques & autres, ordonne neantmoins que les vns & les autres pourront indifferemment achepter & vendre toutes sortes de glaces de verre & cristalin, tant de Venise que d'ailleurs, pour les mettre en œuure & les vendre. Sçauoir lesdits miroitiers, ceux qui seront en bois de layetterie à fusts, noircis & enluminez de couleurs, & dorez ou argentez seulement, mesmes en ébeine & autres bois tout simple, sans autre garniture. Et lesdits Doreurs sur cuir, tant de ceux garnis de layeterie à fusts, noircis & enluminez de couleurs que d'ebeine, & toutes autres sortes garnis & enioliuez, & dorez sur bois & sur cuir, & sur l'appel desdites sentences du vingt-cinq & vingt-sixiesme Iuin mil six cens vingt-vn, à mis & met lesdites parties hors de Cour & de procez, le tout sans despens. Prononcé le second iour de Septembre mil six cens vingt-huict.

Signé,   DV TILLET.

PAR LES RAISONS QVI RESVLTENT desdits Tiltres, Sentences & Arrests, la Cour cognoistra que lesdits Doreurs sur cuir, garnisseurs & enioliueurs ont de tout temps immemorial, trauaillé aux glaces de miroirs, les ont enrichies de toutes bordure, garnisseure, & enchasseure, priuatiuement ausdits Lunetiers, Miroitiers, comme il se voit par les Sentences & Arrests, ci-deuant desduites, & supplient humblement la Cour de les maintenir & conseruer en la main-leuée des glaces & garnitures d'ebeine & poirier sur eux saisis par les Iurez Lunetiers, Bimblotiers & Miroitiers, auec despens dommages & interests.

www.ingramcontent.com/pod-product-compliance
Lightning Source LLC
LaVergne TN
LVHW021654170726
843501LV00007B/2556